WARUM ES

NICHT EGAL

IST, WIE WIR
SCHREIBEN

Duden

WARUM ES NICHT EGAL IST, WIE WIR SCHREIBEN

**Podiumsdiskussion mit
Burghart Klaußner,
Ulrike Holzwarth-Raether
und Peter Gallmann,
moderiert von
Kathrin Kunkel-Razum**

Aufgezeichnet am 30.10.2017 in der
Dudenredaktion in Berlin

Dudenverlag
Berlin

Bibliografische Information der Deutschen Nationalbibliothek
Die Deutsche Nationalbibliothek verzeichnet diese Publikation in der
Deutschen Nationalbibliografie; detaillierte bibliografische Daten sind
im Internet über http://dnb.dnb.de abrufbar.

Bibliographisches Institut GmbH,
Mecklenburgische Straße 53, 14197 Berlin

Redaktionelle Leitung Dr. Kathrin Kunkel-Razum
Redaktion Susanne Jung, Melanie Kunkel, Dr. Ilka Pescheck
Autorinnen und Autoren Prof. Dr. Peter Gallmann,
Ulrike Holzwarth-Raether, Burghart Klaußner

Herstellung Maike Häßler
Layout und Satz Dirk Brauns, Berlin
Umschlaggestaltung Vietmeier Design, München
Druck und Bindung Neografia a. s., Martin-Priekopa
Printed in Slovakia

ISBN 978-3-411-74296-7
www.duden.de

INHALTS-VERZEICHNIS

Was hat das mit mir zu tun?

PERSÖNLICHE BERÜHRUNGS- PUNKTE MIT DER RECHT- SCHREIBUNG

KUNKEL-RAZUM: *Liebe Frau Holzwarth-Raether, lieber Herr Klaußner, lieber Herr Gallmann, herzlich willkommen in der Dudenredaktion. Wir freuen uns, dass Sie heute hier sind, um mit uns über „Rechtschreibung und Rechtschreibkompetenzen" zu sprechen: ein Thema, das jeden angeht, betrifft und berührt, so wie das Thema „Sprache" insgesamt. Ich würde gerne einen persönlichen Einstieg in dieses Gespräch wählen: Inwiefern sind Rechtschreibung und Rechtschreibkompetenzen Themen für Sie? Weshalb*

*haben Sie unsere Einladung zu diesem Gespräch
angenommen?*

HOLZWARTH-RAETHER: Die Rechtschreibung begleitet
mich eigentlich schon ein Leben lang, und zwar seit
meinem ersten Schultag. Da ging es gleich heiß her:
Wir haben schnell „im" und „auf" und Ähnliches
schreiben müssen. Und als Lehrerin in Grund- und
Hauptschulen war Deutsch mein Fach, ebenso
als Ausbilderin der Referendare und Studenten:
Rechtschreiben war immer wichtig. Außerdem habe
ich als Autorin schon früh Lernhilfen für Duden
und Wörterbücher für Grundschüler verfasst – und
schließlich und endlich beschäftigte mich die
Rechtschreibung auch als Mutter von drei Kindern,
die ja alle durch die Schule gegangen sind. Insofern
interessiert mich das Thema, es lässt mich nicht los,
auch weil es immer wieder in der Diskussion ist.
Als Vertreterin einer richtigen Schreibung lande
ich oft in der Oberlehrerhaftigkeit, und das irritiert
mich etwas. Da würde ich jetzt gerne noch einen
anderen Impuls setzen.

KUNKEL-RAZUM: *Herr Klaußner, Sie kommen ja als
Schauspieler und auch als Musiker eher vom gesprochenen Wort. Aber es gibt Drehbücher. Ist Rechtschreibung in Drehbüchern ein Thema für Sie?*

KLAUßNER: Ich fange gleich pathetisch an: **Rechtschreibung ist Zivilisation. Ohne Rechtschreibung
keine Zivilisation, keine Zivilisiertheit, keine
Literatur, keine Sprache, nichts, außer Radebre-
chen und sich irgendwelche Schlagworte um die**

Ohren hauen. Und natürlich komme ich auch vom gesprochenen Wort, aber ich habe mein ganzes Leben lang mit geschriebenen Texten zu tun gehabt: von Anfang an im Beruf und natürlich auch in der Schule.

Ich erinnere mich nicht genau, wie leicht oder schwer mir Rechtschreibung fiel, das habe ich irgendwie vergessen. Ich weiß nur, dass Rechnen mir nicht so leichtfiel. Vom Lesen her bildet sich natürlich die Rechtschreibung besser als von irgendetwas anderem. Das ist eine Erfahrung, die wir wohl alle gemacht haben. Man erkennt es schon daran, wenn man nicht genau weiß: „Wie schreibt sich das jetzt?" Dann schreibt man es auf und schaut sich das Schriftbild an: „Ach nein, so kann es ja nicht sein." Und schon hat man hoffentlich ins Schwarze getroffen.

GALLMANN: Ich habe besonders viel mit Orthografie zu tun, seit ich als Professor an der Friedrich-Schiller-Universität Jena bin. Da bilde ich Germanisten und vor allem auch Deutschlehrer aus. Angefangen hat meine Beschäftigung mit dem Thema Sprachwissenschaft aber schon als Korrektor. Ich habe über die Orthografie praktisch zur Sprachwissenschaft gefunden und lange Zeit noch teilzeitlich als Korrektor gearbeitet, teilweise auch als Berufsschullehrer im Nebenamt. Dann habe ich eine Assistenzstelle in Zürich bekommen und dort die Sprachwissenschaft für mich weiter ausgebaut, bis ich schließlich in Jena angefangen habe. Ich habe mich also zeit meines Lebens mit allem, was in der Zone zwischen Grammatik und

Orthografie so zu finden ist, intensiv beschäftigt. Meine Schwerpunkte sind heute neben Orthografie die Morphosyntax der deutschen Sprache, aber auch Schulthemen: Grammatik und Schule, Orthografie und Schule. Wir haben mit der Fachdidaktik in Jena eine intensive, erfolgreiche und lange Zusammenarbeit im Rahmen des sogenannten Jenaer Modells der Lehrerbildung, das sich sehr erfolgreich entwickelt hat und auch auf andere Fächer ausstrahlt. Insofern hat mich Orthografie meinen ganzen Werdegang lang begleitet, von damals bis heute.

KUNKEL-RAZUM: *Mich würde interessieren, wie Sie Rechtschreibung im Alltag handhaben. Wenn es darum geht, einen Einkaufszettel zu schreiben oder eine SMS oder eine Whatsapp an jemanden aus der Familie: Legen Sie da Wert auf die korrekte Rechtschreibung? Oder lassen Sie schon mal was durchgehen, weil es jetzt schnell gehen muss, weil es vielleicht nicht ganz so darauf ankommt? Wie gehen Sie privat mit Rechtschreibung um?*

GALLMANN: Ich kann ja mal bei mir anfangen: Meine Ehefrau Vroni ist selbst Korrektorin, da müssen auch SMS eigentlich in Ordnung sein. Das Einzige, was ich mir gelegentlich leiste, ist, dass ich vergesse, die Großtaste zu drücken.

KUNKEL-RAZUM: *Das heißt, Sie haben ein Durcheinander von Groß- und Kleinschreibung in der SMS?*

GALLMANN: Genau. Aber sonst muss es richtig daherkommen. Wenn ich Tippfehler mache, bekomme ich das gelegentlich zu hören. Mit anderen Worten: Auch in meiner Lebensgemeinschaft haben wir immer mit Orthografie zu tun. Privat halte ich mich eigentlich automatisch an die geltende Rechtschreibung – ich muss mir geradezu Mühe geben, nicht darauf zu achten. Das geht nicht allen Menschen so, andere kämpfen damit, aber ich habe das Privileg, dass es bei mir von selbst einigermaßen richtig daherkommt.

HOLZWARTH-RAETHER: Ich achte selbst beim Einkaufszettel auf die Rechtschreibung. Manchmal werden die Produkte anders geschrieben, als ich sie schreiben würde: Dann halte ich mich an die Schreibweise, wie sie auf den Produkten steht. Bei mir geht das nicht automatisch, wenn ich Zweifel habe, dann nehme ich den Duden zur Hand und blättere darin. Ich habe Spaß daran, Vermutung und richtiges Ergebnis miteinander zu vergleichen. Auch SMS, die ich sehr oft schreibe, korrigiere ich immer.

GALLMANN: Ich muss mich korrigieren. Das klang gerade ein bisschen zu eingebildet. Ich habe gesagt, die korrekte Schreibweise kommt relativ automatisch, aber auch ich muss zum Duden greifen.

HOLZWARTH-RAETHER: Für Getrennt- und Zusammenschreibung.

GALLMANN: Ich habe meine Spezialwörter, die ich zum hundertsten Mal nachschlage und von denen ich immer noch nicht weiß, wie man sie schreibt.

KUNKEL-RAZUM: *Als Dudenredakteure werden wir öfter gefragt, ob wir eigentlich zum Duden greifen. An der Stelle sage ich immer: „Wir sind wahrscheinlich die besten Nutzer unserer Werke.": Je mehr man sich damit beschäftigt, desto mehr Fragen gibt es natürlich auch.*

KLAUßNER: Ich habe keine Rechtschreibprobleme, doch bei Fremdwörtern schaue ich manchmal nach. Die Zeichensetzung ist für mich die ganze Strecke meines Lebens ein viel größeres Problem als die Orthografie.

Weil mein Name so kompliziert geschrieben wird, bin ich auf Rechtschreibung und die richtige Schreibweise des Namens geeicht: „Burghart" schreiben die meisten mit „k" und „d", ich schreibe mich mit „g" und „t" und „Klaußner" auch noch mit „ß", ein Buchstabe, den es in anderen Ländern gar nicht gibt.

Genau wie Sie beachte ich die Rechtschreibung beim Tippen von SMS. Ich werde bis zum Ende meiner Tage dafür kämpfen, dass wir nicht aufgeben, in dieser digitalisierten Welt anständig zu schreiben – und zwar nach der deutschen Rechtschreibung und nicht nach der englischen oder amerikanischen. Ich kämpfe um jedes „ß", obwohl ich weiß, dass vieles in der neuen Rechtschreibung abgeschafft ist – aber das ist nun mal mein Heimatbuchstabe, den muss ich verteidigen. Und die Groß- und Kleinschreibung muss stimmen, sonst springt mich das fremd an und tut mir richtig weh.

KUNKEL-RAZUM: *Sie, Herr Klaußner, erzählten mir neulich, dass Sie nervös werden, wenn Sie Drehbücher bekommen, die Rechtschreibfehler enthalten.*

Die Frage geht an Sie alle: Weisen Sie die Verursacher von Rechtschreibfehlern im privaten Bereich gelegentlich darauf hin?

HOLZWARTH-RAETHER: Ich weise schon oft, natürlich freundschaftlich, auf Fehler hin, aber das kommt nicht immer gut an. Doch im privaten Bereich habe ich, weil ich so gerne mit dem Duden umgehe, immer wieder Anrufe mit der Frage: „Kannst du mir mal sagen, wie man das schreibt? So oder so?"

KLAUßNER: Das ist ein sehr heikles Thema, an dem man merkt, **wie diese Rechtschreibung im Kern unserer Wohlanständigkeit angesiedelt ist.** Obwohl es einem auf den Nägeln brennt, sagt man nichts dazu.

Im Fragesatz „Was hältst du davon?" wird „hältst" immer wieder ohne das erste „t" geschrieben. Der Hals hat damit gar nichts zu tun, das scheint den Leuten aber vollkommen egal zu sein. Und ich halt's nicht aus und muss es ihnen auf freundschaftlichste Weise mitteilen, was bei fremden Menschen fast unmöglich ist.

HOLZWARTH-RAETHER: Ja, das geht nicht, das würde ich auch nicht tun.

GALLMANN: Ich reagiere nicht groß auf Rechtschreibfehler im privaten Bereich. Bei den Texten meiner Studenten im beruflichen Umfeld korrigiere ich natürlich, ich bilde ja unter anderem Deutschlehrer aus. Von denen erwartet man einfach, dass sie am Schluss des Studiums die Rechtschreibung beherrschen. Da bieten wir Unterstützung mit speziellen Kursen. Wer am Schluss eine Hausarbeit abgibt, bei der immer noch die Hälfte der Kommas fehlt, bekommt dafür Abzug, das kann nicht anders sein. Als Fazit kann ich sagen: Im professionellen Bereich bin ich relativ rigide, im privaten habe ich eine gewisse Toleranz. In den 90 Prozent der Fälle, in denen ich mit professionellen Texten zu tun habe, kommt das scharfe Auge zum Zuge.

Zum Klagen und Lamentieren?

DER AKTUELLE ZUSTAND DER RECHTSCHREI-BUNG IN DER AUSBILDUNG HEUTE

KUNKEL-RAZUM: *Das professionelle, korrekturgeschulte Auge bietet einen schönen Übergang zum nächsten Themenblock: Wenn wir aktuell in die Presse schauen, finden wir viele Artikel über das Thema „Rechtschreibung". Ich sage es jetzt bewusst salopp: Egal in welcher Zeitung, ob es „Die Zeit" ist oder die „Bild-Zeitung", gibt es ein allgemeines Lamentieren: Junge Leute könnten nicht mehr rechtschreiben, sie würden die Regeln nicht beherrschen und es würde sie eigentlich auch nicht interessieren.*

Es klagen Behörden, Politiker und Lehrer. Es gibt Statements vom Bundeskriminalamt, dass sie keinen Nachwuchs finden, weil die potenziellen Anwärter durch den Rechtschreibtest fallen. Das Gleiche hört man von der Polizei. Die Rechtschreibleistungen würden auch an Gymnasien immer schlechter und eine Studie des Instituts für Qualität im Bildungswesen weist sehr schlechte Rechtschreibleistungen bei Grundschülern aus.

Die Frage geht zuerst an Herrn Gallmann: Stimmt das denn so? Es wird viel darüber geschrieben, doch was wissen wir konkret dazu? Welche Studien gibt es, um das Ganze zu belegen?

GALLMANN: Es gibt Studien, aber man muss bedenken, dass über die Jahre hinweg nicht die gleiche Art Menschen gemessen worden ist. Wenn wir 1917 und 2017 nehmen: Diejenigen, die 1917 ihr Abitur gemacht haben, stammten aus einem anderen Personenkreis als die Abiturienten heute. Früher konnten höchstens fünf Prozent der Bevölkerung eine akademische Bildung erreichen und die waren natürlich anders ausgelesen als heute. Aktuell legen knapp über 50 Prozent eines Jahrgangs das Abitur ab. Da muss man einfach mit einer viel stärkeren Schere rechnen.

Ich glaube, dass die Rechtschreibbeherrschung insgesamt leicht abgenommen hat, ganz einfach auch deshalb, weil die heutigen Schüler und Schülerinnen innerhalb des Deutschunterrichts ein viel breiteres Spektrum an Fähigkeiten zeigen müssen. Früher hat man einen Besinnungsaufsatz geschrieben, das war die Leistung. Heute müssen sie ganz verschiedene Textsorten beherrschen, werden also relativ umfassend ausgebildet, auch mündlich brauchen sie Medienkompetenz.

Insgesamt hat sich das Spektrum verbreitert, und da bleibt einfach weniger Zeit, um sich auf die Rechtschreibung zu konzentrieren. Vielleicht noch ein heimlicher Verdacht, den ich habe, weil es mir selber schon passiert ist: Wenn man, wie ich, Schulunterricht gibt oder Studierende unterrichtet, macht man die Erfahrung: **Rechtschreibung ist eine Anstrengung für beide Seiten, sowohl für die Lehrenden als auch für die Lernenden.** Jetzt hat man ihnen jahrelang die Rechtschreibung beigebracht und plötzlich denkt man: Sie können es immer noch nicht.

Aber das ist eine Fehleinschätzung. Es sind ja nicht dieselben, es kommen immer Neue nach, und **jede Generation muss Rechtschreibung neu und mühsam lernen.** Die dauernde Anstrengung kann natürlich zu einer Fehleinschätzung führen, weil ich das Gefühl habe, ich komme nie zum Ziel. Dabei kommt man sehr wohl zum Ziel, aber nur relativ, es beginnt immer wieder neu.

Die gute Nachricht ist meines Erachtens: Die Rechtschreibleistung hat wahrscheinlich nicht extrem abgenommen. Und es gibt eine andere Nachricht, auf die man großen Wert legen muss: Man muss sich nach wie vor für die Rechtschreibung anstrengen, muss sich regelmäßig um sie bemühen. Das bleibt einem nicht erspart.

KUNKEL-RAZUM: *Es sind drei Hauptpunkte, die ich Ihrer Aussage entnehme: Zum einen sind es viel mehr Schüler, die eine akademische Ausbildung durchlaufen.*

Zweitens ist Rechtschreibung immer eine Anstrengung.

Und drittens werden von Schülern und von Auszubildenden heute auch andere Kompetenzen erwartet als früher, als der Fokus sehr viel stärker auf der Rechtschreibung lag.

HOLZWARTH-RAETHER: Ich beobachte in den Einschulungsgesprächen, **dass die Kinder heute viel mutiger und autonomiebestrebter sind. Für diese kleinen selbstbewussten Menschen ist es schwieriger, sich an Regeln, auch Rechtschreibregeln, zu halten,** das ist schon mal das Allererste. Man kann sich vorstellen, dass sie gegen Wiederholung und Übung Widerstand entwickeln. Aber die gute Nachricht ist auch, dass sie heutzutage viel selbstständiger und freier sind.

Mit Beginn der Achtzigerjahre oder sogar schon vorher wurden immer wieder neue und andere Inhalte und Kompetenzen in die Bildungspläne integriert: Richtig schreiben ist heute nur ein Bruchteil der Kompetenzen, die im Deutschunterricht vermittelt werden sollen. Bei der Zunahme an anderen Formaten wie Gesundheitserziehung, Demokratieerziehung, ökologische Erziehung usw. – denn wo immer es mangelt, sagt man ja: „Schule muss sich darum kümmern" – ist augenfällig, dass die Technik der Rechtschreibung, die viel Übung und Auseinandersetzung braucht, zu kurz kommt. **Ich bin umgekehrt erstaunt, dass sie bei der Vielzahl der Herausforderungen immer noch richtig schreiben lernen.**

GALLMANN: Wobei ich noch nicht erlebt habe, dass Kinder den Ehrgeiz entwickeln, eine Privatorthografie zu entwerfen und zu schreiben und darauf stolz sind. Sie wollen schon die Erwachsenensprache erwerben. Der Eifer ist vielleicht unterschiedlich, aber jedenfalls suchen sie die Freiheit nicht auch in der Rechtschreibung.

HOLZWARTH-RAETHER: Darin liegt die große Chance: dass man die Kinder packt, in Aussicht auf die Erfahrung des Könnens.

GALLMANN: Genau das meine ich.

HOLZWARTH-RAETHER: Das ist immer die größte Motivation, die sie haben. Wenn umgekehrt die Rechtschreibung keinen Stellenwert mehr bekommt, dann sind die Schülerinnen und Schüler sozusagen der Beliebigkeit ausgesetzt.

GALLMANN. Dann fehlt die externe Motivation.

HOLZWARTH-RAETHER: Und dann wird das richtige Schreibenlernen zu Drill.

KLAUßNER: Freunde, die Lehrer sind, erzählen mir, der Anteil von Kindern aus Migrationsverhältnissen in den Grundschulen der Arbeiterbezirke sei höher, als man sich vorstellen kann. Die Sprachbarriere steige deshalb enorm an, auch die Rechtschreibbarriere, das darf man nicht unter den Tisch fallen lassen. Und das zweite Thema, auf das man meiner Meinung nach sehr deutlich schauen muss, ist die Frage der Digitalisierung. Ich weiß nicht, ob Schreiben mit der Hand oder Tippen auf der Tastatur im Schulalltag heute überwiegt. Die Schreibschrift meines älteren Sohnes ist nicht besonders leserlich und die des jüngeren noch schlechter, weil sie die Schreibschrift praktisch nicht mehr anwenden.

Ich finde bedenklich, dass überhaupt nicht geklärt ist, wo uns diese Digitalisierung hinführt und was wir denen, die diese Geräte benutzen, an die Hand geben. Sie sind so optimistisch, ich bin hier sozusagen der Schwarzseher.

Ich bin kein Lehrer, aber ich stelle mir vor, dass es vernünftig wäre, Schülern, die von morgens bis abends mit ihren Smartphones beschäftigt sind, Leitlinien orthografischer oder grammatikalischer Art mitzugeben.

KUNKEL-RAZUM: *Mir geht es nochmal um die Frage, die in erster Linie an Sie geht, Herr Gallmann: Was ist denn so besonders schwer an der Rechtschreibung? Kann man es tatsächlich ausmachen und sagen: Es ist das Thema „Getrennt- und Zusammenschreibung" oder das Thema „Groß- und Kleinschreibung" oder die „Zeichensetzung" – welche sind die fehlerrelevantesten Gebiete?*

GALLMANN: Ich kann aus meiner Perspektive über Studierende und von meiner früheren Beschäftigung her über Journalisten reden: Da ist die Zeichensetzung am alleranfälligsten. An zweiter Stelle kommt die Groß- und Kleinschreibung und erst an dritter Stelle die Getrennt- und Zusammenschreibung.

Beim Getrennt- und Zusammenschreiben muss man unterscheiden: Es gibt Fälle, die fallen

unheimlich auf, zum Beispiel, wenn ich „Haustür"
getrennt anstatt zusammenschreibe.

KUNKEL-RAZUM: *Mein Lieblingsthema.*

KLAUßNER: Zum Beispiel „zurechtfinden".

GALLMANN: „Zurechtfinden" fällt nur wenig auf. Und
Beispiele wie „zurückgehen", getrennt oder zusam-
men, fallen fast nicht auf. Es gibt quasi eine
Hierarchie der Auffälligkeiten, die man im Hinter-
kopf haben muss und die im Unterricht und beim
Korrigieren zu beachten sind.

Wir können uns ja auch mal über Zeichensetzung unterhalten: Ich glaube, dort werden zum
Teil beim Unterrichten Fehler gemacht: zu früh,
zu disparat, also zu kleinteilig, ohne das Ganze
zusammenzuführen. Die Chancen, die man bei der
Vermittlung der Zeichensetzung in der Sekundarstufe II hätte, werden überhaupt nicht wahrgenommen, dort werden nur noch literarische
Werke diskutiert. Die formale Seite der Sprache
wird vernachlässigt – und gerade in dem Alter
sind die Schülerinnen und Schüler äußerst
aufnahmefähig.

**Die deutsche Zeichensetzung ist insgesamt sehr
logisch, es gibt ganz wenige Grundregeln:** Wenn
man diese begriffen hat und die entsprechenden
sprachlichen Strukturen erkennt, kann man die
Zeichensetzung wirklich in den Griff kriegen.

KUNKEL-RAZUM: *Es gehört grammatisches Grundwissen
dazu, um zum Beispiel eine Satzanalyse durchzuführen.*

HOLZWARTH-RAETHER: Sie sagen ganz recht, Herr Gallmann: Zeichensetzung wird oft zu früh vermittelt. Vor etwa 20 Jahren war die Zeichensetzung in den Grundschulen überhaupt keine Frage, da lernte man die Satzschlusszeichen kennen und das Komma nur bei Aufzählungen. Das hat sich stark verändert, immer im Hinblick auf die Vorbereitung aufs Gymnasium. Zu diesem frühen Zeitpunkt fehlt den Kindern aber noch für die Zeichensetzung das notwendige grammatische Wissen.

GALLMANN: Genau.

HOLZWARTH-RAETHER: Ein großes Problem für die Grundschulen ist, dass sehr viele Kinder mit Sprachdefiziten, Defiziten beim Sprechen und in der Artikulation, in die Schule kommen. Dafür gibt es ein Bündel von Gründen: Im Vorschulalter wird z. B. heutzutage viel weniger mit den Kindern gesungen, artikuliert gesprochen und gereimt. Eine korrekte Artikulation ist aber eine Voraussetzung für die Entwicklung einer phonologischen Bewusstheit. Sie, die Phonem-Graphem-Zuordnung, ist notwendige Voraussetzung für einen erfolgreichen Schriftspracherwerb. Im Ganzen sprechen die Kinder auch, sage ich jetzt mal ungeschminkt, schlampiger. Sie verschlucken Endungen und haben Schwierigkeiten mit Konsonantenhäufungen, harten und weichen Anlauten.

GALLMANN: Es gibt eine Untersuchung von Gerhard Augst, die Ihre Aussage unterstützt. Er hat eine mutige These: Dass sich das Gesprochene als

Standardsprache durchgesetzt hat, sei gerade heute ein Hindernis, weil gesprochene und geschriebene Sprache nicht dasselbe sind. Es ist auffallend, dass ausgerechnet die Kinder in den Regionen des deutschen Sprachraums, in denen noch Dialekte oder stark dialektgefärbte Umgangssprache gesprochen werden, die Rechtschreibung relativ gut beherrschen. Der Grund ist einfach, denn diese Schüler wissen von vornherein: **Schreiben ist nicht dasselbe wie sprechen, es ist was Eigenes. Sie lernen das relativ autonom.**

HOLZWARTH-RAETHER: Ganz genau.

GALLMANN: Wenn man den Kindern hingegen beibringt: „Du musst nur genau hinhören und dann kannst du schon richtig schreiben", funktioniert das nicht. Denn die Schriftsprache hat doch eine relative Autonomie. Und vermutlich ist das Problem gar nicht vorrangig, dass die Kinder nuscheln oder lispeln, sondern dass ihnen die geschriebene Sprache nicht als autonomes System beigebracht wird.

HOLZWARTH-RAETHER: Das Nuscheln und Verschlucken von Endungen finde ich schon ein Problem, weil man die Kinder ja auch so versteht. Ich kann mich gut an die Diskussion erinnern: „Verbessere ich ein Kind, wenn es spricht und sprechen lernt?" Das ist kein kontroverses Thema mehr, man verbessert kaum mehr.

Es leuchtet mir ein, was Sie zur Autonomie der Schriftsprache sagen. Ich bin ja selber Dialektsprecherin, Schwäbin durch und durch. Für mich war Deutschunterricht immer Fremdsprachen-unterricht, wirklich mühsam musste ich mir Hoch-deutsch, die Schriftsprache, aneignen.

KLAUßNER: Schriftdeutsch und Gesprochenes müssen zusammen sozusagen zu einem natürlichen Prozess geführt werden, sonst ist das ganze System entwertet. Das ist in Film wie Theater ein großes Thema, das ist die große Kunst. Sie werden alle schon bemerkt haben, wie schwer man versteht.

GALLMANN: Ich finde es auffallend, dass synchroni-sierte Dialoge besser verständlich sind als die autonomen.

KUNKEL-RAZUM: *Herr Klaußner, ich muss noch einmal nachfragen: Sie sagten eingangs, dass Ihnen die Zeichensetzung, also ich vermute die Kommasetzung, schwerer fällt als andere Bereiche. Haben Sie eine Erklärung dafür?*

KLAUßNER: Herr Gallmann hat als wichtigen Grund schon die disparate Methode der Vermittlung genannt. Mehr als in allen anderen Bereichen in Schrift und Sprache musste ich mir auf diesem Gebiet einen eigenen Leitfaden basteln. Und der brach spätestens zusammen, als es vor vielen Jahren plötzlich hieß: Vor „und" kann doch ein Komma stehen. Da war meine Welt der Zeichen-setzung zu Ende, weil das die einzige Regel war, von der ich wusste: Die ist nicht zu brechen. Denn selbstverständlich wächst auch das Verständnis für die Zeichensetzung mit der Fähigkeit, Texte zu verstehen und zu gliedern. Ich komme darauf zurück: **Das Lesen ist das Schreiben in der Vorform – das Lesen hilft uns, Schreiben zu lernen.**

KUNKEL-RAZUM: *Herr Gallmann und ich, wir beide sitzen zusammen im Rat für deutsche Rechtschreibung. Ich finde es sehr interessant, dass der Rat für seine aktuelle Amtsperiode, die im Januar 2017 begonnen hat, das Thema „Zeichensetzung" in den Mittelpunkt gestellt hat. Wir haben uns in den letzten Jahren intensiv mit Fremdwortschreibung beschäftigt und sehr viele Untersuchungen durchgeführt, welche Varianten akzeptiert werden und welche nicht. Aber diesmal steht die Zeichensetzung im Fokus, womit wir letztlich eigentlich die Kommasetzung meinen, alles andere ist ja doch ein Nebenthema. Ich bin sehr gespannt darauf, welche Konsequenzen die Arbeit im Rat in sechs Jahren, wenn der Bericht vorgelegt werden muss, zeitigen wird.*

KLAUẞNER: In dem Zusammenhang staune ich immer, wie gut die Angelsachsen ohne Kommata auskommen. Das ist abenteuerlich, denn sie setzen ja fast überhaupt keine. Wenn man sich in einer anderen Sprache verständigen will, sagen wir Englisch und Französisch, geht das Ganze wieder von vorne los – bis hin zur Zeichensetzung, nicht nur Grammatik und Orthografie. Man muss es wieder neu lernen.

GALLMANN: Das kann auch optimistisch stimmen, denn es heißt mit anderen Worten: **Wenn man es im Englischen und Französischen noch im hohen**

Alter lernen kann, gibt es diese Chance auch im Deutschen.

KUNKEL-RAZUM: *Man soll die Hoffnung nicht aufgeben.*

HOLZWARTH-RAETHER: Mit der Zeichensetzung tue ich mich auch schwer. Ein Wort kann ich ziemlich schnell nachschauen und herausfinden, wie es richtig geschrieben wird. Aber wenn ich im Duden die Zeichensetzung nachschlage, überfordert mich die Komplexität der Regeldarstellung. Sobald mir aber jemand, der sehr sicher darin ist, das eigentliche Prinzip klipp und klar erklärt – zum Beispiel, dass man bei der Kommasetzung einfach immer auf den Hauptsatz achten muss –, dann finde ich das gut verständlich. Es scheint eine Schwierigkeit zu sein, Kommaregeln leicht verständlich zu verschriften.

KUNKEL-RAZUM: *Ja. Absolut.*

HOLZWARTH-RAETHER: Auch im Schriftbild ist es ein Gefummel: Also ich denke, da kann man sicher was tun, um es zu vereinfachen.

KUNKEL-RAZUM: *Dann erteilen Sie uns praktisch indirekt hier und jetzt eine Aufgabe. Da müssen wir prüfen, welche Titel, welche Produkte, welche Handreichungen es geben kann.*

GALLMANN: Dabei ist der Duden ja eigentlich am Ball. Die Regelformulierungen werden immer leicht optimiert, zum Beispiel bei Zeichen: Nehmen wir mal dieses „und"-Beispiel, das ist ein typisches Beispiel, dass man in zwei Regeln isoliert voneinander gelehrt hat:

Vor „und" kein Komma ist nicht falsch. Doch es gibt noch eine andere Regel, die besagt: Wenn ein Nebensatz aufhört, steht ein Komma. Mache ich mal ein Beispiel: „Sie sagte, sie komme gleich wieder, und ging hinaus." Steht ein Komma bei „und"?

KLAUßNER: Sie sagte, Komma …

GALLMANN: … sie komme gleich wieder, und ging hinaus.

KLAUßNER: Vor dem „und" steht kein Komma.

GALLMANN: Doch, da muss eines stehen, sowohl in alter wie auch in neuer Rechtschreibung.

KLAUßNER: Tatsächlich? Ich rufe sofort meinen Sohn an.

GALLMANN: Das war noch nie anders, aber in der Schule wurde die Gewichtung versäumt. Das „und" verlangt ja kein Komma, das ist völlig richtig. Aber der Nebensatz verlangt ein Komma und man muss den Schülern diese Gewichtung beibringen. Es gibt nicht viele solcher Gewichtungsregeln, es gibt diese eine, die man verstanden haben muss – und die praktisch nicht vermittelt wird.

KUNKEL-RAZUM: *Grammatisches Wissen ist nötig, um dieses Komma zu setzen, das haben wir eben schon angesprochen.*

Wir haben bis jetzt sozusagen eine Bestandsaufnah-
me gemacht: Wo stehen wir überhaupt in der Recht-
schreibbeherrschung? Ich glaube, wir können uns
darauf einigen: Die Rechtschreibleistungen sind nicht
mehr so gut, wie sie früher waren. Wir lassen diese
These jetzt mal so pauschal im Raum stehen.

GALLMANN: Ja, die Welt geht nicht unter, aber …

KUNKEL-RAZUM: *… es gibt eine Verschlechterung.*
Was ist passiert, wo liegen die Gründe dafür? Wir
haben einige bereits anklingen lassen, als ich vorhin
das Statement von Ihnen, Herr Gallmann, zusammen-
gefasst habe: Es gibt eine breitere Schülerschaft, die
in eine akademische Ausbildung geht. Es gibt viele
Schüler mit Migrationshintergrund, das spielt sicher
eine große Rolle. Die Schüler sollen andere Kompeten-
zen erwerben, sich mit vielfältigen Themenfeldern
auch in der Schule auseinandersetzen. Sie haben
schon eine ganze Menge Gründe aufgeführt. Mir ist
noch eingefallen: Wirtschaft soll in der Schule gelehrt
werden, Glück soll in der Schule gelehrt werden – das
Spektrum ist sehr breit. Sehen Sie noch andere
Faktoren, die zu dem Umstand, dass Rechtschreibleis-
tungen schlechter geworden sind, beitragen?

HOLZWARTH-RAETHER: Der wichtigste Faktor ist meiner
Ansicht nach: **Es ist durchaus gesellschaftsfähig
geworden, auch etwas falsch zu schreiben.**
Wahrscheinlich aber an Hierarchien gebunden,
umgekehrt geht das nicht.

Aber die Gewichtung hat sich gewaltig verschoben. Quantitativ ergibt sich diese Verschiebung, weil

zu viele Aufgaben auf die Schulen zukommen, die in das gleiche Zeitmaß gepresst werden: Die Ganztagsschule mit ihrem derzeitigen Ansatz von Betreuung fängt das nicht auf und mit der enormen Zunahme der Berufstätigkeit von Frauen fallen die Mütter als Hausaufgabenbetreuerinnen und Nachhilfelehrerinnen weg. Auch die Qualität hat sich zuungunsten der Rechtschreibung verschoben. Sie ist in der Ecke des Unnötigen, des Lästigen gelandet – als Handwerkszeug, das man sich notgedrungen aneignen muss.

Es könnte umgekehrt ja ein ganz interessantes Unterfangen sein, auf die Suche zu gehen, um der Sprache wirklich auf die Schliche zu kommen. Neugierig zu sein – warum, wieso – auf diesen großen Legokasten der Rechtschreibung. Ich habe die Erfahrung gemacht, dass die Kinder dann sehr begeistert sind und sich darauf einlassen. Wenn ich diesem notgedrungenen Übel – zu penibel, zu kleinkariert – aber ausgeliefert bin, dann trägt das nicht.

GALLMANN: Vor allem, wenn auch die Lehrer selbst nicht motiviert sind.

HOLZWARTH-RAETHER: Genau, wenn sie keinen Spaß daran haben, positiv mit der Logik der Rechtschreibung und ihren Tücken umzugehen und die Herausforderung anzunehmen.

Diesen geringen Stellenwert merke ich immer wieder, wenn ich eingeladen bin und gefragt werde: „Was machen Sie denn so?" „Ich mache Bücher für Kinder." Wenn ich auf die interessierte

Nachfrage dann „schulbezogen" konkretisiere und noch: „Wörterbücher – mit Begeisterung" hinzufüge, dann ist es aus: Es kommt keine Frage mehr, **Rechtschreibung ist einfach kein Partythema.** Und in der Lehrerausbildung, in der ich ja nun sehr lange war, habe ich unendlich viele Prüfungsstunden rund um belletristische Texte, Werbetexte und weitere Textarten gesehen, aber kaum eine Rechtschreib- oder Grammatikstunde.

GALLMANN: Da muss tatsächlich nachgebessert werden, dem kann ich nur zustimmen. Und die Lehrpläne stellen ja den Spielraum zur Reflexion über Sprache zur Verfügung.

KUNKEL-RAZUM: *Dieser private Einwurf sei mir jetzt erlaubt: Ich bin selber auch Deutschlehrerin und habe in den Schulpraktika am liebsten Rechtschreibung und Grammatik unterrichtet und fand Literatur zu unterrichten, gerade auch methodisch, ganz schwierig.*

HOLZWARTH-RAETHER: Ja, das kenne ich.

KLAUßNER: Muss man das nicht als Generationenfrage sehen, und zwar durch alle Zeiten? Es gibt bei jüngeren Leuten einen Widerstand gegen das richtige Schreiben, bis hin zu der Entwicklung von Sondersprachen oder Sonderschreibweisen. Bertolt Brecht hat sich, wie viele andere auch, bemüht, die Kleinschreibung in die deutsche Sprache einzuführen. Das hat sich nicht durchgesetzt. Und ich habe ein bisschen den Verdacht, dass die SMS-Sprache oder die Twitter-Sprache auch ein Protestverhalten ist. Die Frage ist: Mündet das irgendwann wieder ein in den offiziellen Kanon oder bilden sich neue Formen aus? Bisher erkenne ich die noch nicht, außer dass sich natürlich neue Wörter bilden wie „simsen". Ob das jetzt auf die Rechtschreibung grundsätzlich à la longue eine negative Auswirkung hat, da bin ich eher optimistisch, sehe aber im Jetzt und Heute eine deutliche Protesthaltung in dieser Art, die Medien sprachlich zu benutzen.

GALLMANN: Es gibt Untersuchungen dazu, die haben gezeigt, dass die heutigen Schüler fähig sind, Register zu unterscheiden. Das heißt, sie wissen ganz genau: Wenn ich Text x schreibe, dann gelten diese Regeln. Und es gibt die privaten Kurznachrichten, die übrigens auch nicht konventionsfrei sind, dort gelten andere Regeln: Da müssen die verschiedenen Symbole und Abkürzungen beherrscht werden, die unsereiner nicht ohne Weiteres versteht.

Darum bin ich nicht so pessimistisch: Ich glaube, diejenigen, die sich in eine berufliche Richtung entwickeln, bei der sie nicht nur Kurznachrichten produzieren, sind durchaus interessiert daran, die geltende Rechtschreibung zu erwerben.

KUNKEL-RAZUM: *Wollen Sie das mit dem Protest noch mal ein wenig ausführen, Herr Klaußner?*

KLAUßNER: Das richtig geschriebene Wort ist Herrschaftswissen, so hätte man früher gesagt, es ist das Sakrosankte, das Gesetz. Und gegen das Gesetz zu verstoßen, ist natürlich ein herrlicher Vorgang – vor allem für jüngere Leute.

KUNKEL-RAZUM: *Ich finde, das ist ein interessanter Ansatz, der sich ein bisschen mit der Aussage von Frau Holzwarth-Raether ganz am Anfang deckt, dass die kleinen Kinder heute schon so selbstbewusste Menschen sind, anders noch als vor einigen Jahren – und das zieht sich dann natürlich durch. Ich hätte, ehrlich gesagt, noch erwartet, dass Sie den Einfluss der technischen Neuerungen thematisieren. Will sagen, dass man selber gar nicht mehr so stark kontrolliert, weil man sich zum Beispiel auf die Autokorrektur verlässt oder auf Prüfprogramme, die man sowohl im Smartphone wie im Rechner hat.*

GALLMANN: Die werden erstaunlich wenig benutzt nach meiner Erfahrung. Das zeigen die vielen Rechtschreibfehler, die mir in den Hausarbeiten meiner Studierenden begegnen.

KLAUßNER: Weil es nicht funktioniert.

HOLZWARTH-RAETHER: In den Medien gibt es meiner Beobachtung nach immer mehr Rechtschreibfehler. Ich denke, das liegt daran, dass sich die Autoren auf die digitale Textprüfung verlassen.

GALLMANN: Die Zeitungen haben Geldprobleme und sparen beim Korrektorat, das ist eine ganz negative Entwicklung.

HOLZWARTH-RAETHER: Man hat die technischen Möglichkeiten. Dadurch wird man im Ganzen einfach lässiger, guckt nicht mehr so genau hin, irgendwie wird das schon klappen.

KUNKEL-RAZUM: *Sehen Sie einen Einfluss des Englischen?*

HOLZWARTH-RAETHER: Kann ich nicht beurteilen.

GALLMANN: Nein, würde ich nicht sagen.

KLAUßNER: Immens.

KUNKEL-RAZUM: *Meine Theorie ist, dass der Einfluss des Englischen häufiger zur Getrenntschreibung führt. Wir hatten schon ein Beispiel bei der Schreibung von Komposita, also vor zusammengesetzten Substantiven, „Haustür" oder auch „Tomatensoße" etc· Im Englischen werden sie ja nicht zusammengeschrieben. Ich habe es auf einem Werbeplakat heute früh wieder gesehen: „Kürbissuppe" in zwei Wörtern.*
Ich glaube, da steht noch was anderes dahinter als das Marketing.

HOLZWARTH-RAETHER: Mir fällt das auch im Kinderbuchbereich auf, und ich habe mich erkundigt, warum man jetzt Dinge wie „Fußballschuhe" auseinanderschreibt. Die Antwort: „weil die langen Wörter eine Zumutung sind".

GALLMANN: Aber sie haben wenigstens einen Bindestrich, nehme ich mal an?

HOLZWARTH-RAETHER: Ja, einen Bindestrich haben sie noch. Aber es fehlt nicht viel, dann fällt der auch weg.

KUNKEL-RAZUM: *Der erste Schritt zur Getrenntschreibung ist getan.*

KLAUBNER: Viel schlimmere Auswüchse als im Bereich der Rechtschreibung gibt es für mich bei der Stilistik und den versteckten Anglizismen. Zum Beispiel diese Unsitte, von den „1920er-Jahren" zu sprechen, die um sich greift wie eine Epidemie. Selbst in angesehenen, seriösen Zeitungen. „The 1920s" kann man auf Englisch sagen, auf Deutsch ist das selbstverständlich vollkommen unmöglich. Für Leute, die sich Tag und Nacht beruflich mit Sprache beschäftigen – am Theater, in der Literatur, im Umgang mit anderen –, gibt es Auswüchse, die einen sensiblen Sprachmenschen wahnsinnig machen.

Früher erfolgte die Wiedereinführung des lieben Gottes in den Wetterbericht mit der Formulierung „wenig geänderte Temperaturen", wobei es eigentlich heißt „wenig veränderte Temperaturen": Bei „geänderte Temperaturen" war anscheinend jemand am Werk. Da kann man nur sagen: „Leute, schaut noch mal genau nach, ob das wirklich von einem höheren Wesen *ge*ändert wurde oder ob es sich von selbst *ver*ändert hat." Das ist wieder ausgestorben, aber es gibt die Phänomene der nicht erkannten Anglizismen, die sich einfach einschleichen bis zum Gehtnichtmehr.

Wie geht es Ihnen mit dem Terminus die „1910er-Jahre, die 1940er-Jahre"?

GALLMANN: Das stört mich überhaupt nicht. Die „10er-" und die „20er-Jahre" gab es schon immer, und jetzt wird präzisiert: „1920er-Jahre". Das finde ich relativ harmlos.

KLAUßNER: Ich bin verloren, das ist ganz offensichtlich.

GALLMANN: Das Wortbildungsmittel „-er" bei den „20er-Jahren" ist typisch deutsch, das ist nicht aus dem Englischen, sondern althergebracht. Dass man noch die „19" davorsetzt, ist eine kleine Änderung.

KUNKEL-RAZUM: *Heiß diskutiert im Zusammenhang mit nachlassenden Rechtschreibleistungen wird in der Presse der Ansatz in der Grundschule, die Kinder erst mal schreiben zu lassen, ohne sie zu korrigieren. Dieser methodische Ansatz ist inzwischen stark in die Kritik geraten, die baden-württembergische Kultusministerin hat sich gerade vehement dagegen ausgesprochen.*

HOLZWARTH-RAETHER: Zum Rundumschlag unserer Kultusministerin: Ich kenne die Methode „Lesen durch Schreiben" natürlich und habe sie sehr unterstützt. Im Grundschulverband haben wir sie jahrelang ausprobiert. Man nimmt diese alphabetische Form, nämlich die direkte Umsetzung „Laut – Buchstabe" als Zugang zum Schriftspracherwerb – und knüpft damit an das im Vorschulalter Erlernte an. Dort fangen die Kinder an, sich fürs Lesen und Schreiben zu interessieren: Also das ist ein „A" und ich heiße „Anton"! Und so entwickeln sie eine Skelettschrift. Mit diesen Vorkenntnissen kommen die Kinder in die Schule. Grundlage der Methode ist die Idee, die Kinder da abzuholen, wo sie stehen, also mit der Alphabetisierungsmethode einzusteigen. Das heißt aber nicht, dass nicht gleichzeitig mit orthografischen Impulsen gearbeitet wird.

Ein Beispiel: Kinder schreiben „Vater" in der Regel „Fata", hinten ein a. Solche orthografischen Schwerpunktfehler werden in Rechtschreibkonferenzen mit den Kindern gesammelt und immer wieder geklärt und geübt.

Das Fazit der Methode: Einerseits lernen die Grundschüler über das Schreiben das Lesen tatsächlich sehr schnell und das freie Schreiben ist von Anfang an eine Selbstverständlichkeit.

GALLMANN: Richtig.

HOLZWARTH-RAETHER: Wer ein Lehrerhandbuch wie zum Beispiel „Konfetti" liest und ernstnimmt, der kann die Methode „Lesen durch Schreiben" erfolgreich anwenden. Deshalb bin ich auch so zornig, wenn die Methode so negativ durch die Medien gezerrt und instrumentalisiert wird. Dazu kommt noch, dass „Lesen durch Schreiben" zu geringsten Prozentsätzen überhaupt angewendet wird, auch in Baden-Württemberg.

Es wird geleugnet, dass von Schulen alle möglichen Aufgaben erwartet werden. Heute in einer Schule zu unterrichten, frisst effektive Lernzeit. Der ganze Bereich „offener Unterricht" erfordert zeitaufwändige Organisationsfragen. Außerdem ist die Schule inzwischen Lebensraum geworden, d. h. in der heutigen Zeit: Schule beginnt mit Frühstück.

Wenn die Schüler morgens kommen, ziehen sie erstmal ihre Hausschuhe an: Das dauert bei 26 Kindern. Für die Pause, ziehen sie ihre Straßenschuhe wieder an, ziehen sie wieder aus … So geht unheimlich viel effektive Lernzeit in der Schule verloren. Dazu kommt die Außenorientierung: Man muss nicht nur zur Feuerwehr, immer sind irgendwelche Aktivitäten, der Lesetag etc. Mal ganz abgesehen von der Tatsache, dass immer, wenn weniger Kinder eingeschult werden, sofort Lehrerstellen gestrichen werden. Gar nicht zu reden von der Inklusion: Das sind Strukturprobleme, die alle Gebiete zu kurz kommen lassen, in denen Automatisierung durch Übung und Wiederholung ein wichtiger Prozess ist. **Ob sie ein Lied singen, ob sie rechtschreiben oder das kleine Einmaleins lernen: Die Automatisierung fällt aus Zeitmangel flach und das schadet den schwachen Kindern gewaltig.** Die starken haben kompensatorische Möglichkeiten durch ihre Eltern, was die Schere der Bildungschancen immer weiter aufmacht. Und weil diese Probleme außer Acht gelassen werden, ist der Blick auf die Methode „Lesen durch Schreiben" als Grund für mangelnde Rechtschreibkompetenzen total verengt.

GALLMANN: Meines Erachtens liegen dahinter auch ideologische Kämpfe in der Fachdidaktik und diese Methode muss als Sündenbock herhalten für andere Versäumnisse. Gegen den Einstieg, dass man über Schreiben auch das Lesen lernt, ist überhaupt nichts zu sagen, er funktioniert durchaus. Man darf nie vergessen: Unser Wort Alphabet geht auf Merkwörter zurück, weil wir schon vor 2 000 Jahren die Schrift auf diese Art und Weise erworben haben. Danach kommen dann das grafische Wort, die grafische Silbe, die im Deutschen eine wichtige Rolle spielen, dazu.

KUNKEL-RAZUM: *Ich gebe persönlich und privat zu, dass ich mich selber zum Teil schwergetan habe, als unser Sohn so unterrichtet wurde. Weil wir als Eltern eben nicht korrigieren sollten, um den Kindern den Spaß am Schreibenlernen nicht zu verderben.*

GALLMANN: Das gehört aber gar nicht zur Methode.

KUNKEL-RAZUM: *Das ist für eine Dudenredakteurin eine etwas größere Herausforderung gewesen, gebe ich zu. Jeder aus der Redaktion kennt das Beispiel, das ich an der Stelle immer bringe: In Mathe dürfen die Kinder auch nicht rechnen „2 plus 2 ist 5", sie würden in diesem Falle korrigiert werden.*

HOLZWARTH-RAETHER: Der moderne Mathematikansatz geht eigentlich auch dahin, ein mathematisches Verständnis und eine Analyse dieses ganzen Gebäudes zu entwickeln; die beginnen auch nicht mit „2 plus 2 ist 4". Da knüpft man auch an die Vorerfahrung der Kinder an, bevor man zum Automatisieren kommt. Auch hier sind zunächst Entdeckerfreude und Neugierde ein Unterrichtsprinzip.

GALLMANN: Und wie Sie schon gesagt haben: Nichts verbietet es den Lehrern, sorgfältig zu korrigieren.

Dass Ihr Sohn praktisch nicht korrigiert werden durfte, gehört eigentlich nicht zur Methode „Lesen durch Schreiben": Das ist irgendeine Ingredienz, die da gar nicht reingehört.

Elementar wichtig oder überschätzt?

DIE BEDEUTUNG VON RECHTSCHREIB-KOMPETENZEN

KUNKEL-RAZUM: *Nach der Bestandsaufnahme zur gegenwärtigen Situation lautet meine Frage: Warum ist denn korrekte Rechtschreibung eigentlich wichtig? Welche Konsequenzen hat es im beruflichen oder im privaten Kontext, wenn Rechtschreibung vernachlässigt wird?*

HOLZWARTH-RAETHER: Ich habe auch in der Hauptschule unterrichtet und für mich war immer ein großer Auftrag, dass die Schülerinnen und Schüler dort die

Chancen, die sie haben, wirklich wahrnehmen können. Das heißt, **Rechtschreibung war für mich ein Beitrag zur Chancengleichheit.** Heutzutage sehe ich, wenn man von Künstlerinnen oder Künstlern eine E-Mail kriegt, dass sie nur so von Rechtschreibfehlern wimmelt – aber das ist irgendwie kreativ und man lässt es durchgehen. Bei Studenten ist es vielleicht auch noch ein Kavaliersdelikt. Aber wenn ein Hauptschüler sich mit einer fehlerhaften Bewerbung vorstellt, kann es schon sein, dass er nicht zum Vorstellungsgespräch eingeladen wird: Das zeigt natürlich auch die Ungerechtigkeit darin.

Deshalb war es für mich immer wichtig, dass Kinder wirklich lesen und schreiben lernen, und zwar so, dass sie sich darin frei bewegen können. **Die Rechtschreibung spielt eben – das ist das Verrückte – nicht bei denen eine Rolle, die es sowieso geschafft haben, sondern eher bei denen, die es nicht schaffen. Insofern war mein Anliegen, in diesem Bereich sehr intensiv zu arbeiten – als Chancengleichheitsermöglicherin.**

KLAUßNER: Der Hinweis auf die Künstler bringt mich auf die Erkenntnis, dass der bewusste Fehler natürlich etwas anderes ist als der unbewusste. Diese ganze Erfindungskiste des sogenannten „Starckdeutschen" der Berliner Maler Johannes Grützke und Matthias Koeppel in den 70er- und 80er-Jahren hat sehr stark auf Wirkung und auf Expressivität abgehoben, bis hinein in die Rechtschreibung. Das war natürlich ein Kunstausdruck, das muss man ganz klar auseinanderhalten. Zur eigentlichen Frage: Das ist eine absolute Herrschaftsfrage, wie ich vorhin schon gesagt habe – und auch eine Zivilisationsfrage: Wer falsch schreibt, ist unten durch.

GALLMANN: Ich würde es ein bisschen praktischer sehen. Wenn wir irgendein Produkt kaufen, legen wir immer Wert darauf, um es mit einem Anglizismus zu sagen, dass das „Finish" stimmt: Die äußere Gestalt sagt indirekt auch etwas über den Inhalt aus. Natürlich wissen wir, dass das häufig genug nicht der Fall ist, aber trotzdem, man assoziiert eine gute äußere Form gerne mit einem guten Inhalt. Umgekehrt, wenn die äußere Form schon schlecht ist, denken wir, ist der Inhalt endgültig mies. Was für normale Produkte gilt, gilt genauso für sprachliche Produkte. Wenn wir uns also sprachlich an jemand anders wenden und „unser Produkt" – in Anführungszeichen – schon von Fehlern wimmelt, dann nimmt man automatisch an, dass die Botschaft, die man überbringen will, nicht ganz durchdacht ist.

Mit anderen Worten: Jemand, der einem anderen etwas mitteilen will, tut gut daran, die äußere Form zu optimieren, weil der Inhalt ernster genommen wird. Und genau das muss man in der Schule vermitteln und **es gilt für das ganze Leben, bis man ins Grab sinkt: Solange man kommuniziert, hat man mehr Erfolg mit optimierter Sprache, als wenn man „zufälligen Pfusch" einfach stehen lässt.**

KLAUßNER: Geht es Ihnen auch so, dass der Inhalt abnimmt mit der Fehlerquote?

HOLZWARTH-RAETHER: Eindeutig.

GALLMANN: Klar, man wird abgelenkt.

KLAUßNER: Der Inhalt wird geschwächt. Und selbst, wenn es nur ein ganz kleiner Fehler ist, den man möglicherweise überlesen hat, er schwächt den Inhalt.

GALLMANN: Das kann ich nur unterstützen. Es ist nicht etwa Bosheit, sondern das sind Automatismen, die eine Rolle spielen und nicht ideologisch weggeredet werden können: Denen müssen wir einfach gerecht werden. Der Mensch funktioniert so, dass er abgelenkt wird.

Gesprochene Sprache erträgt mehr Toleranz, das sieht man schon an meinem Akzent, der unüberhörbar ist und den man noch einigermaßen in Kauf nimmt. Erheblich abweichende Schriftbilder aber lenken, gerade bei Schlüsselwörtern, so sehr ab, dass der Text nicht mehr richtig wahrgenommen wird. Letztlich geht es darum, dass gute Form es erleichtert, auch den Inhalt als guten Inhalt wahrzunehmen.

KUNKEL-RAZUM: *Umso mehr wundert man sich, wenn man in einem guten, nicht gerade billigen Restaurant die Speisekarte liest und denkt: Ob die dort so kochen, wie sie schreiben? Man stellt sofort diese Verbindungen her zu dem, was sonst dort geleistet wird, wenn der sprachlichen Form, gerade bei Inhalten, die nach außen gehen, praktisch keine Bedeutung beigemessen wird.*

KLAUßNER: Das bezieht sich auf alle Bereiche. Wer nicht schreiben kann, kann auch nicht rechnen, der kann nicht bis drei zählen, wie es so schön heißt.

HOLZWARTH-RAETHER: Ich erinnere mich an eine Schüleräußerung, die ich schön dazu fand. „Was passiert eigentlich, wenn man nicht richtig schreibt?" Die Schülerin hat das eigentlich eher umgekehrt gesagt. **„Ich habe das jetzt so schön gemacht, wie die Wörter es wollen."**
Das fand ich anrührend und habe daraus ihren Gestaltungssinn gelesen. Eine schöne Gestalt ist, finde ich, auch ein Grund, richtig zu schreiben. Das gilt auch inhaltlich: Die Rechtschreibregeln sind ja nicht irgendeine beliebige Festlegung, man kann sie herleiten, grammatisch oder auch historisch. **Die Wörter verlangen von uns den Respekt, dass wir sie richtig schreiben.** Also das fand ich eine ganz wunderbare Äußerung einer Viertklässlerin.

KUNKEL-RAZUM: *In manchen Zeitungsartikeln, die durchaus polemisch zugespitzt sind, kann man lesen, wir würden uns wieder hinarbeiten auf Zeiten vor 1880: hin zu Zeiten, in denen es noch keine einheitliche Rechtschreibung gab und das erste Wörterbuch von Konrad Duden noch nicht erschienen war. Sehen Sie eine solche Gefahr? Was würde es bedeuten, wenn wir keine einheitliche Rechtschreibung mehr zur Verfügung hätten?*

GALLMANN: Ich sehe die Gefahr nicht und habe im Gegenteil den Eindruck, dass die Medien sich eigentlich, ich sage es einmal ganz plakativ, tatsächlich an „Duden gelb" halten. Das führt dazu, dass bestimmte Varianten erheblich überwiegen. Diese Varianten, die durch die Rechtschreibreform in die Welt gesetzt worden sind, sind ja nicht beliebig, sondern es steckt ein Konzept dahinter. Ich finde es richtig, dass man den Leuten nötigenfalls Hinweise gibt, welche der beiden an und für sich logischen Varianten zu bevorzugen ist. Das kann die alte Schreibung sein, ist häufig auch die neue Rechtschreibung, der Duden hat sehr sorgfältig ausgewählt. Ich glaube, dass sich auch die meisten Zeitungsverlage und die meisten Buchverlage an „Duden gelb" halten. Mittelfristig führt das dazu, dass die Einheitlichkeit sogar noch zunehmen und nicht abnehmen wird – das würde ich so vorhersagen. Da muss man der Dudenredaktion danken, dass sie dieses anfänglich umstrittene Mittel der Variantenführung in die Dudenauflagen übernommen hat.

HOLZWARTH-RAETHER: Meiner Meinung nach macht das Gleichheitsprinzip die Rechtschreibung so modern. Vor ihr sind alle gleich, und jedem muss die Möglichkeit gegeben werden, Chancen und Unterstützung zu erhalten, sich als gleich zu fühlen. Oft wird diese Haltung bei den Menschen, die Rechtschreibung lehren – ich denke dabei an Lehrerinnen und Lehrer – gar nicht erkannt: Was sie eigentlich für eine Arbeit leisten, wenn sie darauf achten. Das geht aber nicht ohne konsequente Übung oder Wiederholung. Beides hat aber eher im außerschulischen Bereich Raum und Bedeutung, wie z. B. im Bereich Musik und Sport.

GALLMANN: Das gilt aber für alle Berufe.

KLAUßNER: Ganz toll, was Sie sagen, Frau Holzwarth-Raether: Es ist der zivilisatorische Standard auf dem kleinsten Nenner. Alles speist sich im Grunde aus einer einheitlichen Gesetzgebung, einheitlichen Lebensverhältnissen, die Angleichung zumindest solcher Verhältnisse. **Gleichheit vor dem Gesetz ist Gleichheit vor dem Buchstaben oder umgekehrt.**

KUNKEL-RAZUM: *Die Gleichheit ist ein sehr interessanter Aspekt. Die Frage dazu noch mal an Sie gerichtet, Herr Gallmann: Spielt dieser übergreifende Aspekt in der Ausbildung von Deutschlehrern eine Rolle, wird er thematisiert? Oder steigen Sie relativ schnell in die Vermittlung von Faktenwissen ein?*

GALLMANN: Nein, dieser Aspekt wird schon ein bisschen vermittelt, zumindest bei uns in Jena diskutieren wir darüber. Und gerade in der Lehrerausbildung, in unseren fachdidaktisch-sprachwissenschaftlichen Kombi-Seminaren, diskutieren wir auch über solche Dinge.

KUNKEL-RAZUM: *Ich fand sehr wichtig, was Frau Holzwarth-Raether gerade gesagt hat: dass den Lehrerinnen und Lehrern bewusst sein muss, was sie eigentlich tun, wenn sie Rechtschreibung vermitteln – und welche Verantwortung sie in diesem Bereich haben.*

GALLMANN: Das gilt ja für alle Bereiche. Auch ein Maler hat nicht den Beruf, einfach irgendwie Farbe auf eine Wand zu klecksen, sondern sein Werk muss exakt sein, es muss stimmen. Und genauso ist es für sprachliche Produkte, sie müssen am Schluss einfach stimmen. Dass wir Varianten haben, finde ich gar nicht schlecht, denn zum Teil gibt es gute Gründe, dass jemand eine andere Version wählt. All dies ist nicht beliebig, darum Varianz. Manchmal ist es sinnvoll, eine gewisse Variationsbreite zu haben, und da kann man auch mal eine im Duden nicht gelb hinterlegte Version wählen. Nach dem Motto: Wenn ich mich nicht lange damit auseinandersetzen will, nehme ich die gelbe Version, aber wenn ich aus irgendwelchen Gründen die andere liebe, dann wähle ich sie. Im Sprachsystem ist angelegt, dass es manchmal Nebenvarianten gibt, aber eben nicht Beliebigkeit: Das wird zum Teil falsch verstanden. Es ist auch von den Medien damals verbreitet worden – nicht von den Kultusministern –, dass die Rechtschreibung völlig beliebig geworden sei. Das hat natürlich nicht gestimmt, es gab nie Beliebigkeit.

HOLZWARTH-RAETHER: Zu Lehrerinnen und Lehrern und zur Ausbildung möchte ich noch anmerken, dass in der Sekundarstufe davon ausgegangen wird, dass der Rechtschreibprozess weitgehend abgeschlossen ist. Es werden, glaube ich, im Gymnasium nur noch zwei Diktate geschrieben. Auch wird die Verantwortung für Schülerinnen und Schüler mit schwachen Rechtschreibleistungen nicht selten mit Legasthenieattesten geschmälert.

KLAUBNER: Womit?

HOLZWARTH-RAETHER: Einem Attest wegen Legasthenie, Aussetzen von Noten – damit befassen sich sehr viele Institute, die ich teilweise fragwürdig finde.

Schwierig ist auch, dass grundlegende Fertigkeiten oft über fachfremde Lehrkräfte vermittelt werden. Wir haben ja das Klassenlehrerprinzip in der Grundschule. Wer Deutsch unterrichtet, hat Deutsch nicht unbedingt vertieft studiert. Für diese Lehrkräfte ist es schwieriger, eine spezifische Haltung für dieses Fach zu entwickeln. Das merkt man auch in Mathematik ganz stark.

KUNKEL-RAZUM: *Da hätten wir das ganze große Thema „Quereinsteiger in den Lehrerberuf", das schon alleine ein tagesfüllendes Thema ist.*

HOLZWARTH-RAETHER: Genauso wie Nachmittagsbetreuung in Ganztagsschulen.

International relevant oder typisch deutsch?

DER DISKURS ZUR RECHT-SCHREIBUNG

KUNKEL-RAZUM: *Ich würde den Blick gern etwas über die deutschsprachigen Grenzen hinaus erweitern. Ähnliche Klagen über nachlassende Rechtschreibleistungen gibt es zum Beispiel auch aus Spanien und Italien. In Italien haben sich kürzlich 600 Professoren in einem Schreiben an die Regierung und an das Parlament beklagt, dass drei Viertel ihrer Studierenden de facto Analphabeten seien. Wir führen hier offenbar nicht eine rein deutsche Diskussion, sondern eine, die auch in anderen Ländern stattfindet. Es gibt*

internationale Vergleichstests, zum Beispiel auch über
Schulleistungen. Liefern die aussagekräftige Ergebnis-
se dazu? Herr Gallmann, können Sie dazu etwas
sagen?

GALLMANN: Ich kenne die Ergebnisse zu wenig, da
wissen Sie vielleicht mehr.

HOLZWARTH-RAETHER: Ich kenne sie auch nicht.

GALLMANN: Aber ich habe den Verdacht, dass zumindest im Italienischen das Problem gar nicht bei der
Schreibung liegt.

KUNKEL-RAZUM: *Weil sie auch viel einfacher ist als die*
deutsche.

GALLMANN: Vermutlich haben sie Formulierungs- oder
Grammatik- oder Normprobleme, und die werden
einfach der Rechtschreibung zugeordnet. Grammatik und Rechtschreibung werden häufig nicht
sauber unterschieden. Ich würde also jetzt vermu-
ten, dass es nicht reine Rechtschreibthemen sind.

HOLZWARTH-RAETHER: In Frankreich ist es ja so, dass das
Schulsystem doch stärker und enger auf Sprache
fokussiert: Das Bewusstsein, die Sprache zu pflegen,
ist einfach höher. Das merken wir schon, wenn wir
dort Gast sind: Wenn man die Sprache nicht flüssig
spricht, fällt es in Frankreich schwerer, sich zu
verständigen, als in Italien. Die Franzosen sind
in diesem Kontext strenger und die Schulen selber
haben auch größere Phasen des Einprägens,

also des Korrekt-Schreibens. Und überhaupt hat
Schreiben und natürlich auch Sprechen dort einen
größeren Stellenwert.

KLAUßNER: Wir kennen ja aus den europäischen
Ländern diese Diktatwettbewerbe. In Frankreich
sind sie ein ganz großes Ereignis, in Holland wird
die Hochsprache bis aufs i-Tüpfelchen geprüft
in Wettbewerben. Das haben wir nicht in Deutschland, soweit ich weiß, das wäre vielleicht eine
ganz schöne Sache.

Engagement und Förderung fordern?

VIELE KÖNNEN ETWAS TUN

KUNKEL-RAZUM: *Das ist eine sehr gute Anregung, aber wir haben Diktatwettbewerbe tatsächlich schon in Deutschland. Sie haben mir damit die Brücke zum letzten Thema gebaut: Was müssen wir eigentlich tun, um dem Thema „Rechtschreibung" auch öffentlich wieder ein größeres Gewicht einzuräumen? Was könnte in den Schulen doch noch zu einer Kehrtwende und zu einem stärkeren Engagement führen?*

Die Polytechnische Gesellschaft in Frankfurt veranstaltet seit vielen Jahren einen Diktatwettbewerb.

Es gab ihn im Oktober 2017 das erste Mal auch auf der Buchmesse in Frankfurt. Ich war dort in der Jury und es war wirklich ein emotionales Erlebnis für mich.

HOLZWARTH-RAETHER: Das ist schon ein Kult.

KUNKEL-RAZUM: *Da saßen in der Halle des Gastlandes Frankreich an einem Samstagmittag 200 erwachsene Menschen, die nichts Besseres zu tun hatten, als ein Diktat zu schreiben. Es war gespickt mit Wörtern aus dem Französischen und von daher war es auch besonders schwer. Nicht nur, dass 200 Leute freiwillig geschrieben haben – wir wissen das so genau, weil es 200 Klemmbretter gab, auf denen geschrieben werden konnte –, mindestens noch einmal 200 Leute haben das Ganze verfolgt. Man hätte eine Stecknadel zu Boden fallen hören können, so konzentriert und gespannt war die Atmosphäre bei diesem großen Ereignis. Im Rahmen der Buchmesse Frankfurt fand der Diktatwettbewerb zum ersten Mal statt, die Polytechnische Gesellschaft richtet ansonsten den Wettbewerb „Frankfurt schreibt" aus. Der ist mittlerweile erweitert worden zu „Hessen schreibt" – so heißt das überregionale Finale. Ich bin auch eingeladen zum Finale von „Die Wirtschaft schreibt", bei dem Firmen aus dem Rhein-Main-Raum gegeneinander antreten, mitorganisiert von der IHK. Also da passiert tatsächlich schon etwas. Duden ist Sponsor und Förderer dieser Initiative. Gemeinsam mit der Polytechnischen Gesellschaft wünschen wir uns natürlich, dass solche Formate noch viel breiter bekannt werden.*

KLAUßNER: Rechtschreibkompetenz ist ein Gradmesser für Bildung. Man braucht nicht zu wissen, was jemand gelesen und studiert hat und wo jemand herkommt: Wenn er weiß, wie er die merkwürdigsten, auch ausländischen, Wörter schreibt, ist es ein Zeichen dafür, dass er gebildet ist. Das ist einfach die Pyramide. Dann kommt natürlich noch dazu, dass er hoffentlich auch belesen ist – oder sie. Entschuldigen Sie bitte die männliche Form, ich meine natürlich auch die weibliche Form.

HOLZWARTH-RAETHER: Obwohl man aus den Diktaten teilweise schon ganz klein mit Hut rauskommt.

KUNKEL-RAZUM: *Ich werde oft gefragt, ob ich es wohl perfekt hätte schreiben können, und ich sage jedes Mal: „Nein, das hätte ich wohl nicht gekonnt." Das Diktat ist natürlich konstruiert und es werden wirklich echte Finessen abgefragt. Aber es geht ja auch um den Spaß dabei, dass das Ganze nicht nur bierernst genommen wird, sondern man tatsächlich mit einem Augenzwinkern darauf gucken kann.*

HOLZWARTH-RAETHER: Das ist ein guter Hinweis. Baden-Württemberg ist im Lesen gleich stark geblieben, darüber gab es gerade eine Studie hier. Sie überschlagen sich geradezu in Lesewettbewerben und Lesetagen und mit den Lesepaten usw.: Beim Lesen hat sich da unendlich viel getan. Das, was Sie gesagt haben, ist wichtig – dass man Spaß an der Rechtschreibung hat und angespornt wird: „Mensch, das will ich rauskriegen und ich will möglichst null Fehler haben." Den Sportsgeist zu haben, diese Sprache wirklich in den Griff zu kriegen, der ich mich spielerisch im Wettkampf stelle: „Jetzt möchte ich mal sehen, ob ich das hinkriege." **Wenn man das umsetzen könnte, auch öffentlich, indem man der Rechtschreibung viel mehr Bedeutung in der intellektuellen Auseinandersetzung gibt, der freudigen Auseinandersetzung mit dem System Sprache …** Ich könnte mir vorstellen, dass die Diktatwettbewerbe viel stärker regionalisiert und dann auch schulspezifisch durchgeführt werden. Ich bin überzeugt davon, dass Kinder und Jugendliche darauf einsteigen. Es muss positiv transportiert werden, es muss aus der Ecke des Ungemütlichen, Pingeligen raus. **In der Auseinandersetzung mit der Logik der Sprache steckt meiner Meinung nach viel Potenzial.**

GALLMANN: Richtig, **man muss vermitteln, dass es sich lohnt, sich anzustrengen für die Rechtschreibung.** Genauso wie es sich lohnt, sich dafür anzustrengen, ein guter Sportler zu werden: Das kommt nicht von selbst, es ist mühsam und man hat häufig Krisen. Bei Rechtschreibung gerät der Preis, den man mit der Anstrengung gewinnt, vielleicht zu häufig aus dem Blick. Man müsste auch zeigen, dass man einen Gegenwert kriegt.

HOLZWARTH-RAETHER: Da denke ich gerade an Buchhandlungen: dass der Spaß und der Gestaltungswille, der in dieser Sprache steckt, nicht nur eine schulische Aufgabe ist, so wie es bei Lesewettbewerben und Lesepaten schon funktioniert. Es wäre wunderbar, wenn man eine Werbeabteilung oder Werbeagentur finden würde und sagen könnte: „Liebe Leute, helft uns doch mal, einen positiven Blick auf Rechtschreibung zu stärken."

KUNKEL-RAZUM: *Ja, dass man in diesem Bereich nicht alles der Schule aufbürdet …*

GALLMANN: Der Schule wird sowieso immer mehr aufgehalst. Es wäre nicht schlecht, wenn sie gerade in der Hinsicht durch Impulse von außen entlastet würde.

HOLZWARTH-RAETHER: Ein Beispiel aus Finnland, bei dem es auch ums Lesen geht, hat mir sehr gut gefallen: Die Kinder haben jeden Tag einen Teil einer kleinen Geschichte auf ihr Handy geschickt bekommen und am darauffolgenden Tag den nächsten usw. Sie waren natürlich unheimlich interessiert daran, diese Geschichte weiterzulesen. **Ich stelle mir gerade vor, die Kinder könnten jeden Tag das „Wort des Tages" auf ihr Handy kriegen.** Sie könnten damit herumhantieren und wenn sie 100 Wörter haben, dann geht es eine Stufe weiter zum nächsten Level.

Wir haben das zum Teil gemacht in den Schulen, das kann man digital ganz gut umsetzen. Ich denke auch an die Duden-Seite: das „Wort des Tages" für Kinder oder Jugendliche zum Nachschlagen – und dann Lieblingswörter oder Wörter, die ich hasse.

GALLMANN: Da gibt es ja schon das „Unwort des Jahres".

KUNKEL-RAZUM: *Wir haben anlässlich des Erscheinens der neuesten Auflage des Rechtschreibdudens im August 2017 wieder die Erfahrung gemacht, wie unglaublich man Menschen mit dem Thema „Sprache" bewegen kann. Manchmal wird vor lauter Überlegung und theoretischer Abstraktion vergessen, wie wenig es eigentlich braucht, um Leute für dieses Thema zu faszinieren, sie zu begeistern und zu Meinungs- äußerungen zu motivieren. Wenn uns das noch ein bisschen mehr gelingt, nicht nur mit Wortschatz- themen, mit grammatischen Themen oder Anglizis- men-Themen, sondern eben gerade mit Rechtschrei- bung, dann werden wir einen ganz guten Schritt weiterkommen.*

HOLZWARTH-RAETHER: Ich glaube auch, diese Faszination betrifft nicht nur bildungsnahe Schichten. Auf einer Bank hat mich ein türkischstämmiger Mann beraten. Es ging kurz darum, dass ich Wörterbücher mache. Daraufhin hat er sich erinnert, dass sein Lieblingswort in der Schule immer „Plusquamper- fekt" war, das fand ich so unglaublich. Auf der Ebene stelle ich mir Aktionen oder Veröffentlichungen vor.

KLAUßNER: Das ist ein typisch lautmalerisch attrak- tives Wort, aber der eigentliche Sinn der Sprache ist natürlich die möglichst nahe Anbindung an den Inhalt und nicht nur an einen schönen Laut. Ich mache viele Hörbücher: **Wenn in einem Hörbuch- manuskript ein Wort falsch geschrieben ist, kann man es nicht mehr sprechen.**

KUNKEL-RAZUM: *Weil das so irritiert?*

KLAUßNER: Nicht nur, weil man sich versprechen würde oder weil man keine Lust hat. **Das Sprechen von Hörbüchern beruht ja gerade darauf, aus jedem Wort, fast aus jedem Buchstaben einen eigenen theatralischen Vorgang entstehen zu lassen – oder eine Temperatur, eine Situation, eine Atmosphäre, einen Geschmack, mit subtilsten Mitteln. Und der Buchstabe ist die subtilste kleinste Einheit. Wenn die gestört ist, ist die ganze Sache dahin.**

Das bringt uns auf Zauberwörter. Das würde ich Kindern zum Beispiel sagen: „Schreib mal dein Zauberwort, weil wenn du es sagst, tritt es auch ein." So wie der berühmte Lastwagenfahrer, der sich aus Versehen in seinem Tiefkühl-Lkw hinten im Laderaum eingeschlossen hat und an Unterkühlung gestorben ist. Die Maschine war aber gar nicht an. Die Einbildung, dass dort eine tiefe Kälte herrscht, hat dazu geführt, dass der Körper erfroren ist, das muss man sich mal vorstellen, wie weit unsere Fähigkeit geht. Die könnten wir ruhig auch für die Rechtschreibung mobilisieren.

GALLMANN: Wenn man den Teufel nennt, kommt er gerennt.

KUNKEL-RAZUM: *Zum Abschluss möchte ich Sie bitten, noch mal darauf einzugehen, was verschiedene Seiten tun könnten. Wir haben von Diktatwettbewerben gesprochen: Wie ist es denn mit Unternehmen, Verlagen, der Rolle der Eltern, den Ausbildungseinrichtungen allgemein? Wo würden Sie sich bestimmte Haltungen oder noch mehr Engagement wünschen?*

KLAUßNER: Bei den Softwareherstellern.

GALLMANN: Den Unternehmen im Allgemeinen sollte man in Erinnerung rufen, was ich vorhin schon angedeutet habe: **Dass die sprachliche Form Rückschlüsse zulässt auf den Inhalt, dass sie sich ein bisschen mehr Qualitätsbewusstsein bewahren.** In anderen Belangen, wenn es um die Papierqualität der Prospekte und um die farbigen Bildchen in den Bannern im Internet geht, sind sie ja auch qualitätsbewusst. Warum nicht auch auf dem Gebiet? Es lenkt ab, wenn die sprachliche Form nicht stimmt, das ist so. Und wie gesagt, das ist nicht eingeredet, sondern so funktionieren wir Menschen einfach, das bringt man nicht weg.

HOLZWARTH-RAETHER: Die Wirtschaft oder überhaupt Firmen sollten eigentlich das Bewusstsein haben: Es steht nicht jeder auf dem gleichen Stand. Und sie hätten vielleicht Möglichkeiten, positive Aktionen relativ schnell auf die Beine zu stellen. Damit es nicht immer wieder Schuldzuschiebungen gibt, von Universitäten ans Gymnasium, von der Sekundarstufe I an die Grundschulen, Kindergärten und schließlich an die Eltern, sondern umgekehrt: Ich gehe jetzt heran an dieses Problem, das es in verschiedenen Varianten gibt – und für das man Ideen und Materialien entwickeln kann, wie Diktatwettbewerbe in der Wirtschaft. Denn die Rechtschreibung ist durchaus ein lebenslanger Prozess, der nach zehn Jahren Schule nicht abgeschlossen ist.

KLAUBNER: Meine Anregung geht sogar an die Duden-redaktion oder den Dudenverlag: eine Software zu entwickeln, um die Diktierfunktion in einwand-freier deutscher Rechtschreibung, Groß- und Kleinschreibung zu ermöglichen. Ich glaube, der Absatz wäre nicht gering. Und wenn es nicht die Dudenredaktion ist, dann bitte jemand anders. Man korrigiert stundenlang nach und das macht so viel Arbeit: Erst denkt man noch, das geht schnell. Das ist ein Appell, wenn Sie schon fragen: Wer soll was machen?

GALLMANN: Bei den meisten Programmen zur Text-verarbeitung ist die Diktierfunktion schon darin. Weil ich sie nicht benutze, kann ich nicht sagen, wie gut sie funktioniert.

KLAUBNER: Also beim iPhone funktioniert das überhaupt nicht.

KUNKEL-RAZUM: *„Siri" versagt?*

KLAUBNER: Das kommt überhaupt nicht richtig heraus: Die Groß- und Kleinschreibung stimmt nicht usw.

HOLZWARTH-RAETHER: Das Komma muss man doch mit ansagen?

KLAUBNER: Ja, das Komma muss man natürlich mit ansagen.

KUNKEL-RAZUM: *Beim Diktatwettbewerb zum Beispiel werden die Kommas immer mitdiktiert.*

KLAUßNER: Das war in der Schule früher schon so.

KUNKEL-RAZUM: *Man setzt die Teilnehmer nicht dem Stress aus, auch noch die Kommasetzung im Griff zu haben.*

GALLMANN: Das verstehe ich nicht, das würde ich ändern.

KUNKEL-RAZUM: *Genau. Also in dem Sinne, dass wir da einen Fehlerschwerpunkt erkannt haben, sollten wir das ändern.*

GALLMANN: Genau.

KUNKEL-RAZUM: *Ich bedanke mich ganz herzlich bei Ihnen für unser überaus interessantes Gespräch. Wir verschriftlichen jetzt das Ganze und machen ein Buch daraus. Es soll ein Buch werden für Deutschlehrerinnen und Deutschlehrer – und wir erhoffen uns natürlich noch viel mehr Leserinnen und Leser darüber hinaus. Ich wünsche uns allen zusammen ein Buch, das ein hörbares [Presse]echo bekommt und den Einstieg in die gesamtgesellschaftliche Diskussion zu diesem Thema weiter anregt. Ganz herzlichen Dank.*